___________________ 님께 드립니다.

예수님과 함께하는 40일

예수님과 함께하는 40일

지은이 이상훈
펴낸이 임상진
펴낸곳 (주)넥서스

초판 1쇄 발행 2019년 3월 5일
초판 5쇄 발행 2023년 3월 3일

출판신고 1992년 4월 3일 제311-2002-2호
10880 경기도 파주시 지목로 5
Tel (02)330-5500 Fax (02)330-5555

ISBN 979-11-6165-591-8   03230

www.nexusbook.com

예수님과 함께하는 40일

당신의
눈물을
닦아 드립니다

이상훈 지음

예수님의 신실하심, 성령님의 인도하심을 따라
'오늘'을 살아냅시다!

우리 그리스도인들은 우리의 주님 되시는 예수 그리스도를 따르는 자들입니다. 그러므로 우리 그리스도인의 삶은 어두움에서 빛 되신 예수님께로 나아와 불의한 세대를 거스르고 진리 되신 예수님께서 가시는 십자가의 길에 동참하여 예수님과 함께 순례자의 길을 걷는 여정입니다.

태초부터 계셨던 예수님은 우리를 구원하시기 위해 자기를 비우시고 이 땅에 오셨습니다. 또한 자기 부인과 순종의 삶을 통해 하나님을 향한 언약적 신실하심을 이루심으로 우리의 구원을 이루셨습니다. 우리 그리스도인들은 이 예수님의 신실하심, 성령님의 인도하심을 따라 지금 여기에서 살아내는 자들입니다. 예수님을 닮아 예수님처럼 생각하고, 예수님처럼 하나님의 뜻에 순종하는 삶을 살아가는 자들입니다.

　　사랑하는 동역자 이상훈 목사님께서 이번에 『예수님과 함께하는 40일』을 집필하셨습니다. 목사님은 저와 함께 서울반석교회에서 10여 년간 동역한 신실하신 목회자입니다. 또한 목사님은 성경에 대한 통전적 시각과 깊은 영적 통찰력으로 사변적 언어가 아닌 일상의 삶의 언어로 말씀 묵상에 관한 많은 책들을 집필하셨습니다.

　　하나님의 말씀은 소유할 지식이나 정보가 아닙니다. 하나님의 말씀은 우리에게 가치관의 변화를 요구하고 새로운 창조를 요구합니다. 『예수님과 함께하는 40일』을 통해 더욱더 예수님을 인격적으로 믿고 순종하여 가치관과 인격이 변화되어 조국 교회에 예수님을 닮은 수많은 제자들이 일어나기를 기원하면서 이 책을 기쁘게 추천합니다.

황정길 (서울반석교회 원로목사)

잊혀진 사순절의 의미를 되찾고,
주님이 가신 그 길을 '동행'합시다!

묵상 안에서 힘이 느껴지는 책입니다. 짧지만 깊은 감동을 주는 책입니다. 글은 저자를 닮는다고 하는데, 이 책은 정말 이상훈 목사님을 빼어 닮은 책입니다. 말씀을 깊이 묵상하되 피상적이지 않고, 예수님을 소개하지만 나를 발견하게 만드는 책입니다.

무엇보다 형식과 내용에 있어서 균형을 이룬 책입니다. 형식만 있고 내용이 없으면 형식주의로 빠질 수 있습니다. 그러나 이 책은 형식과 내용이 대립적이지 않고 조화롭습니다. 기독교는 전통적으로 '절기'라는 형식에 '믿음'이라는 내용을 담고 있습니다. 절기를 지키면서 과거에 역사하신 하나님께 감사하고, 앞으로 인도하실 하나님에 대한 소망을 품습니다. 즉, 감사와 소망이라는 내용을 절기라는 형식에 담아낸 것입니다.

사순절도 감사와 소망을 가득 담아낼 수 있는 좋은 형식입니다. 하지만 작금은 그 날과 의미가 점점 잊히고 있죠. 오늘날 사순절이란 형식이 사라지면 사순절의 내용도 사라졌습니다. 그러나 이 책의 저자는 사순절이란 형식에 '예수님과 함께하는 40일'이란 내용을 잘 담아냈습니다. 그 내용에 깊이가 있습니다.

사순절을 맞이하여 예수님과 함께 동행하길 원하는 분들에게 일독을 권합니다.

주경훈 (꿈이있는미래 소장, 오륜교회 목사)

당신의 40일을 응원합니다!

성경 속에는 특별한 40일을 보낸 믿음의 사람들이 종종 소개됩니다. 노아는 방주 안에서 40일을 보낸 후 새로운 세상을 맞이했습니다. 모세는 시내산 꼭대기에서 40일을 보내면서 하나님의 말씀을 받았습니다. 로뎀나무 아래에서 죽고 싶다던 엘리야는 40일 동안 하나님의 힐링으로 새로워졌습니다. 이뿐만이 아닙니다. 새로운 비전을 본 여호수아와 갈렙의 정탐 40일, 공동체의 죄를 아파한 에스겔의 회개 40일, 니느웨성의 죄가 무너지길 기다렸던 요나의 인내 40일, 그리고 빼놓을 수 없는 예수님의 광야 40일도 있습니다. 이처럼 40일은 믿음의 사람들을 변화시키는 소중한 기회이자 선물의 시간이었습니다.

　　그래서인지 교회는 40일을 '사순절'이라는 절기에 차용을 하였습니다. 물론 개신교 교단마다 사순절을 대하는 시각이 다양하고, 이를 대하는 온도 차가 있지요. 그러나 사순절의 옳고 그름을 떠나서 우리가 회복해야 할 것은 사순절의 주되심Lordship입니다. 부활절과 성탄절 그리고 감사절의 주인이 예수님이듯, 사순절의 주인도 당연히 예수님이셔야 합니다.

　　사순절은 성경에 기록되어 있지는 않습니다. 하지만 초대 교회 때부터 지켜온 의미 있는 전통입니다. 초대 교회 성도들은 주님의 영광스러운 부활을 기념하고 기억하길 원했습니다. 하지만 21세기의 사순절은 왠지 모를 약간의 불편감으로 다가옵니다. 그건 신앙의 선배들이 지키고자 했던 본래 목적에서 벗어나 사순절을 잘못 지키고 있기 때문입니다.

　　어떤 이들은 사순절을 40일 특별기도라는 명목으로 현세적인 복을 간구하는 기복祈福의 특별기간으로 삼습니다. 어떤 이들은 주님의 고난에 동참한답시고 40일 금식과 같은 지나친 금욕을 시도합니다. 물론 금욕의 밑바닥에서는 자신의 신앙 업적이라는 은밀한 동기도 숨어 있지요. 심지어 서구나 남미와 같은 곳에서는 사순절이 사육제카니발라는 이름으로 쾌락과 자유분방의 도구로

악용되고 있습니다. 그러나 40일^{사순절}은 교회가 함께 모여 복을 달라고 울부짖는 기복주의 이벤트가 아닙니다. 몸을 상하면서 이를 악물고 해내야 하는 금욕주의 의식도 아닙니다. 물론 쾌락주의 축제도 아니고요.

사순절은 인적 없는 광야로 나가신 예수님처럼, 우리도 우리만의 골방으로 나아가야 합니다. 홀로 방에서, 차 안에서, 책상 앞에서 예수님과 일대일로 진솔하게 만나야 하는 것입니다. 예수님께서 영광스러운 부활을 맞이하기 위해서 어떠한 고난의 길을 걸어가셨는지 그 길을 함께 따라가 보아야 합니다.

이 책은 40일 동안 예수님께서 이 땅에서 머물다 가신 주요 현장을 조용히 따라갈 것입니다. 예수님과 함께 40일 동안 여행을 하는 것입니다. 예수님께서 인간이 되셔서 이 땅에 오신 처음 장소인 구유에서부터 십자가가 서 있는 골고다까지 말이죠. 우리는 그 현장마다 예수님을 직접 목격하며 질문하게 될 것입니다.

예수님은 왜 고난의 길을 가셔야만 했는지, 예수님은 왜 십자가를 지셔야만 했는지, 나는 왜 십자가를 져야 하고, 내가 지고 가야 할 십자가는 무엇인지 말입니다. 그리고 이 질문들에 대한 해답은 순전히 당신의 과제로 남겨지게 될 것입니다. 진심으로 당신의 40일을 응원합니다! 부디 이 책이 예수님과 함께하는 40일간의 여행에서 좋은 가이드가 될 수 있길 소망합니다.

이 책이 나오기까지 함께 기도해 준 하늘향기교회 성도님들, 그리고 집필의 산고를 함께 겪어준 장미희 사모와 수아·수찬이에게 사랑의 마음을 전합니다. 추천사로 응원해 주신 저의 멘토 황정길 목사님과 든든한 동역자 주경훈 목사님께도 고개 숙여 감사를 드립니다. 그리고 늘 의심 없이 집필을 맡겨주시는 넥서스 CROSS와 밤낮 수고를 아끼지 않는 조현영 팀장님께 감사를 드립니다. 마지막으로, 모든 영광을 부활의 주님께 돌립니다. 사랑합니다, 주님!

저자 **이 상 훈**

Day 01

기적 중의 기적

마태복음 1:18~21

[18]예수 그리스도의 나심은 이러하니라 그의 어머니 마리아가 요셉과 약혼하고 동거하기 전에 성령으로 잉태된 것이 나타났더니 [19]그의 남편 요셉은 의로운 사람이라 그를 드러내지 아니하고 가만히 끊고자 하여 [20]이 일을 생각할 때에 주의 사자가 현몽하여 이르되 다윗의 자손 요셉아 네 아내 마리아 데려오기를 무서워하지 말라 그에게 잉태된 자는 성령으로 된 것이라 [21]아들을 낳으리니 이름을 예수라 하라 이는 그가 자기 백성을 그들의 죄에서 구원할 자이심이라 하니라

엉뚱한 상상을 해봅니다.
아기 예수님은 누굴 닮았을까요?

아빠 요셉도, 엄마 마리아도 닮지 않았습니다. 해맑은 아기 예수님은 성령님을 닮았습니다. 성령님이 진짜 아빠니까요. 성령님께서 마리아의 몸 안에서 아기 예수님의 몸을 창조하셨으니까요. 굳이 유전자 검사를 하자면, 성령님의 유전자와 일치할 겁니다.

성령님은 태초에 흙으로 아담을 빚으셨던 것처럼, 마리아의 모태에서 메시야의 몸을 열 달 동안 빚어 가셨습니다. 매우 신비롭고 초현실적인 이야기입니다. 그래서 세계 3대 판타지 소설가 C. S. 루이스도 '기적 중의 기적'이라고 감탄했는지 모릅니다.

주님! 유한한 저의 상식을 초월한다고 하여 꾸며낸 이야기라고 무시하지 않게 하소서. 창조주 성령님의 손길은 무엇이든 창조하실 수 있음을 믿습니다.

오늘도 그 창조의 손길이
저를 만져주실 것을 기대합니다.
아무것도 없는 저의 삶에도
신비로운 창조의 기적이 일어나게 하소서.

Day 02

베들레헴 구유의 고백

누가복음 2:10~12

[10]천사가 이르되 무서워하지 말라 보라 내가 온 백성에게 미칠 큰 기쁨의 좋은 소식을 너희에게 전하노라 [11]오늘 다윗의 동네에 너희를 위하여 구주가 나셨으니 곧 그리스도 주시니라 [12]너희가 가서 강보에 싸여 구유에 뉘어 있는 아기를 보리니 이것이 너희에게 표적[1]이니라 하더니

부족합니다. 한없이 부족합니다. 주님을 모시기엔 너무나 초라하고 볼품이 없어요. 저의 모습은 거칠고 투박하기만 합니다. 빛나는 황금이나 영롱한 보석도 없습니다. 거룩한 향기 대신 지푸라기 냄새만 가득할 뿐이에요. 저에게 정결함 같은 것은 기대하지 마세요. 저는 그저 베들레헴의 구유일 뿐이니까요.

그런데 어느 날 갑자기 주님이 찾아오셨어요. 그리고 주님의 몸을 저에게 맡기셨죠. 무엇보다 놀라운 것은 목자들이 찾아와 주님을 경배한 일입니다. 만약 주님이 황금 궁전에서 로마 황제의 아들로 태어났다면, 목자들의 경배는 불가능했을 거예요. "천민 주제에 감히~"라며 접근조차 못했겠죠. 헤롯 성전에서 대제사장의 아들로 태어났어도 마찬가지예요. "안식일도 못 지키는 부정한 자가 어찌~"라며 문전박대 당했을 거예요. 차라리 저 같은 구유에서 주님이 태어나신 것이 다행이라는 생각이 듭니다. 천사도 제가 하나님의 사랑과 은혜를 보여주는 '표지판'이라고 말했거든요.

그러니까 용기를 내세요.
저 같은 구유도 사랑하신 주님은
당신도 기꺼이 사랑하실 거니까!

---

1   표적(σημεῖον, 쎄메이온)은 기호, 표시, 신호, 몸짓, 표지판, 징조 등의 뜻이 있다.

Day 03

나사렛 예수

마태복음 2:19~23

[19]헤롯이 죽은 후에 주의 사자가 애굽에서 요셉에게 현몽하여 이르되 [20]일어나 아기와 그의 어머니를 데리고 이스라엘 땅으로 가라 아기의 목숨을 찾던 자들이 죽었느니라 하시니 [21]요셉이 일어나 아기와 그의 어머니를 데리고 이스라엘 땅으로 들어가니라 [22]그러나 아켈라오가 그의 아버지 헤롯을 이어 유대의 임금 됨을 듣고 거기로 가기를 무서워하더니 꿈에 지시하심을 받아 갈릴리 지방으로 떠나가 [23]나사렛이란 동네에 가서 사니 이는 선지자로 하신 말씀에 나사렛 사람이라 칭하리라 하심을 이루려 함이러라

벗어나고 싶지만 내 맘대로 벗어날 수 없는 일상! 저는 오늘도 다람쥐처럼 '하루'라는 쳇바퀴를 열심히 돌리고 있습니다. 주님은 어떠셨나요?

"나사렛 예수!"

사람들은 주님을 그렇게 불렀죠. 모르는 사람이 들으면 살짝 멋지게 들릴지 모르지만, 사실은 우리말로 '시골 촌뜨기'라는 놀림의 호칭이었죠. 예수님의 별명대로 나사렛은 동서남북 산으로 막힌 고립된 땅이었어요. 주민은 고작 3~4백 명으로, 대부분 동굴 집에서 사는 가난한 농부였죠. 그래서인지 나사렛은 구약 성경에 단 한 번도 나오지 않아요. 그럼에도 주님은 나사렛의 일상을 사랑하셨죠. 주님께 나사렛은 벗어나고 싶은 쳇바퀴가 아닌 소확행小確幸[2]이었습니다.

오늘도 저는 '나사렛 예수'라는
다섯 글자에서 배웁니다.
행복은 더 크고, 더 높고,
더 많은 것에 있지 않다는 진리를 말이죠.

2　소확행이란 소소하지만(小, 소) 확실한(確, 확) 행복(幸, 행)이라는 뜻의 신조어이다. 무라카미 하루키의 수필집 『랑게르한스섬의 오후』에 나오는 표현이다.

Day 04

주님의 마음

빌립보서 2:5~8

[5]너희 안에 이 마음을 품으라 곧 그리스도 예수의 마음이니 [6]그는 근본 하나님의 본체시나 하나님과 동등됨을 취할 것으로 여기지 아니하시고 [7]오히려 자기를 비워 종의 형체를 가지사 사람들과 같이 되셨고 [8]사람의 모양으로 나타나사 자기를 낮추시고 죽기까지 복종하셨으니 곧 십자가에 죽으심이라

주님, 갑질을 당했습니다.
마음이 상처로 너덜너덜합니다.

밟힌 자존심을 추스를 방법이 없습니다. 나름대로 인내해 보
지만, 물거품처럼 금세 사라집니다. 마음의 골짜기마다 무질서의
메아리가 울렁거립니다. 너무 시리고 아파서 마음의 진통제 같은
것이라도 있으면 좋겠다는 생각을 합니다.

"이 마음을 품으라!"
어김없이 성령님은 저에게 주님의 마음을 다시금 품어보라고
속삭입니다.

하나님과 동등한 권리를 포기하신 주님의 마음,
사랑하기 위해 우주 최고 갑의 자리를 버리신 마음,
섬기기 위해 신의 옷을 벗어던지신 주님의 그 마음을…….

*그 신비로운 주님의 마음을
저의 마음 위에 포개어봅니다.*

Day 05

메시야의 취임식

마태복음 3:13~17

[13]이 때에 예수께서 갈릴리로부터 요단 강에 이르러 요한에게 세례를 받으려 하시니 [14]요한이 말려 이르되 내가 당신에게서 세례를 받아야 할 터인데 당신이 내게로 오시나이까 [15]예수께서 대답하여 이르시되 이제 허락하라 우리가 이와 같이 하여 모든 의를 이루는 것이 합당하니라 하시니 이에 요한이 허락하는지라 [16]예수께서 세례를 받으시고 곧 물에서 올라오실새 하늘이 열리고 하나님의 성령이 비둘기 같이 내려 자기 위에 임하심을 보시더니 [17]하늘로부터 소리가 있어 말씀하시되 이는 내 사랑하는 아들이요 내 기뻐하는 자라 하시니라

하나님 나라의 대통령 취임식이 열렸습니다! 주님은 강물 속으로 들어가 무릎을 꿇고 머리를 숙이셨습니다.

진행위원장을 맡은 세례 요한이 예수님의 머리 위에 물을 부었습니다. 이 의식은 새로운 출애굽이 시작되었다는 신호탄이었죠. 옛 이스라엘이 홍해 세례를 받음으로 출애굽을 시작했듯, 새 이스라엘의 대표자였던 주님도 세례를 받음으로 하나님 나라를 시작하신 것입니다.

순서가 이어집니다. 성령님께서는 하늘의 꽃다발을 걸어주셨습니다. 하나님께서는 임명장을 수여하시며 축사도 하셨죠. 이렇게 주님은 하나님 나라의 대통령으로 취임하셨습니다.

이제 새로운 시대가 시작되었습니다. 누구든지 주님을 따르면 하나님 나라의 시민이 되는 길이 열린 것입니다. 저는 후회하지 않을 것입니다. 하늘 대통령을 믿고 끝까지 따라가겠습니다.

하나님께서 임명하시고,
성령님께서 보증하신 주님을 영원히 사랑합니다.

Day 06

사탄과의 빅 매치

마태복음 4:8~11

[8]마귀가 또 그를 데리고 지극히 높은 산으로 가서 천하 만국과 그 영광을 보여 [9]이르되 만일 내게 엎드려 경배하면 이 모든 것을 네게 주리라 [10]이에 예수께서 말씀하시되 사탄아 물러가라 기록되었으되 주 너의 하나님께 경배하고 다만 그를 섬기라 하였느니라 [11]이에 마귀는 예수를 떠나고 천사들이 나아와서 수종드니라

여기는 광야!
3라운드 단판 승부, 주님과 사탄의 빅 매치가 펼쳐졌습니다.

결과는 주님의 시원한 승리!
주님은 사탄을 녹아웃 K. O. 시키고 때려눕혔습니다.

사탄의 공격은 1라운드부터 거셌습니다. 언제나 그렇듯 사탄은 급소와 약점을 노렸죠. 주님의 급소는 배고픔이었습니다. 사탄은 40일간 금식한 주님께 하나님의 아들이심을 들먹이며 유혹의 주먹을 날렸습니다. 하지만 주님은 잘 피하셨습니다. 그리고 역으로 말씀의 펀치를 날리셨죠. 순종의 자세를 끝까지 유지하며 승리하셨습니다. 정말 멋진 승리였어요.

주님, 이제는 저의 차례입니다. 원치 않아도 사탄과 싸워야 합니다. 절대로 사탄과 타협하지 않게 하소서. 평화조약은 물론 정전협정도 위험합니다. 특히 제가 광야에 있을 때 비겁하게 저의 급소를 노릴 사탄으로부터 시켜 주소서.

주님처럼 멋지게 한방 날리게 하소서.
말씀의 검을 들고 승리하게 하소서.

Day 07

어색한 첫 번째 기적

요한복음 2:7~10

[7]예수께서 그들에게 이르시되 항아리에 물을 채우라 하신즉 아귀까지 채우니 [8]이제는 떠서 연회장에게 갖다 주라 하시매 갖다 주었더니 [9]연회장은 물로 된 포도주를 맛보고도 어디서 났는지 알지 못하되 물 떠온 하인들은 알더라 연회장이 신랑을 불러 [10]말하되 사람마다 먼저 좋은 포도주를 내고 취한 후에 낮은 것을 내거늘 그대는 지금까지 좋은 포도주를 두었도다 하니라

노총각이 제일 가기 싫어하는 곳은? 바로 결혼식!

그런데 노총각[3] 주님이 친척 결혼식에 초대를 받았네요?

주님은 잔치 끝 무렵에 가셨고, 마리아는 기다렸다는 듯이 포도주가 떨어졌다고 이야기합니다. 기적을 기대한 것이죠. 그러나 주님은 정중히 거절하셨습니다. 마리아는 끝까지 믿었어요. 하인들의 순종도 수준급이었고요. 결국 주님은 손발 씻는 물을 최고급 포도주로 변화시키셨습니다.[4]

노총각과 결혼식, 잔치와 결핍, 거절과 믿음, 더러운 물과 최고급 포도주 등 주님의 첫 번째 기적은 뭔가 어색하고 아이러니합니다. 그러나 주님의 기적으로 잔치는 더욱 기쁘고 풍성해졌죠. 주님은 이런 일을 하시는 분입니다. 때문에 모순투성이인 저도 기적을 기대해봅니다.

저는 뭔가 늦은 것 같고, 없는 것 같으며,
실패한 것 같습니다.
때로는 더러운 것 같기도 합니다. 하지만 괜찮습니다.
주님만 계시면 됩니다.

---

3 당시 결혼 적령기는 남자 25살, 여자 16살이었다. 예수님께서 공생애를 시작하신 때가 33살이니, 노총각이었던 것은 사실이다.

4 구약에서 물이 변화되는 기적은 모세가 마라의 쓴 물을 단물로 바꾼 기적(출애굽기 15:22~27)과 엘리사가 여리고의 오염된 물을 단물로 바꾼 기적(열왕기하 2:19~22)이 대표적이다.

Day 08

유대인스럽지 않은 주님

요한복음 4:7~11

[7]사마리아 여자 한 사람이 물을 길으러 왔으매 예수께서 물을 좀 달라 하시니 [8]이는 제자들이 먹을 것을 사러 그 동네에 들어갔음이러라 [9]사마리아 여자가 이르되 당신은 유대인으로서 어찌하여 사마리아 여자인 나에게 물을 달라 하나이까 하니 이는 유대인이 사마리아인과 상종하지 아니함이러라 [10]예수께서 대답하여 이르시되 네가 만일 하나님의 선물과 또 네게 물 좀 달라 하는 이가 누구인 줄 알았더라면 네가 그에게 구하였을 것이요 그가 생수를 네게 주었으리라 [11]여자가 이르되 주여 물 길을 그릇도 없고 이 우물은 깊은데 어디서 당신이 그 생수를 얻겠사옵나이까

"물 한잔 마실 수 있을까요?"

예수님의 말씀에 사마리아 여자는 놀랐어요. 유대인은 사마리아인을 벌레 보듯 하기 때문이죠. 뿐만 아니라 사마리아 땅을 마치 방사능에 오염된 지역처럼 여깁니다. 그런데 사마리아 여자를 향한 주님의 시선과 태도는 유대인스럽지 않고 따뜻했습니다.

사마리아 여자는 주님과 대화[5]하면서 속이 뻥 뚫렸습니다. 어둡고 습해서 곰팡이로 가득했던 마음의 창고에 햇살이 비치는 듯했습니다. 메시야가 비치는 치료의 광선이었죠. 그런데 더 감동인 것은, 그 주님이 오늘 저에게도 동일하게 오신 것입니다. 편견의 안경을 벗고, 있는 그대로 저를 바라봐 주시는 것!

주님! 저도 마음을 열겠습니다.
숨기고 싶은 과거, 말 못할 현실, 두렵고 막막한 미래 등
주님께 모두 말씀드리겠습니다.
사마리아 여자를 찾아오신 주님을 뵈니 용기가 납니다.

---

[5] 여자는 주님과 싶은 대화를 나눴다. 영혼의 갈증 문제에서부터 여섯 번째 남편과 살게 된 기구한 사연 그리고 신앙적인 고민까지 다 털어놓았다. 지금껏 그 누구와도 나눌 수 없었던 대화였다.

Day 09

벼랑 끝 주님

누가복음 4:24~30

[24]또 이르시되 내가 진실로 너희에게 이르노니 선지자가 고향에서는 환영을 받는 자가 없느니라 [25]내가 참으로 너희에게 이르노니 엘리야 시대에 하늘이 삼 년 육 개월간 닫히어 온 땅에 큰 흉년이 들었을 때에 이스라엘에 많은 과부가 있었으되 [26]엘리야가 그 중 한 사람에게도 보내심을 받지 않고 오직 시돈 땅에 있는 사렙다의 한 과부에게 뿐이었으며 [27]또 선지자 엘리사 때에 이스라엘에 많은 나병환자가 있었으되 그 중의 한 사람도 깨끗함을 얻지 못하고 오직 수리아 사람 나아만뿐이었느니라 [28]회당에 있는 자들이 이것을 듣고 다 크게 화가 나서 [29]일어나 동네 밖으로 쫓아내어 그 동네가 건설된 산 낭떠러지까지 끌고 가서 밀쳐 떨어뜨리고자 하되 [30]예수께서 그들 가운데로 지나서 가시니라

주님이 벼랑 끝에 위태롭게 서 있습니다. 한 걸음만 더 가면 떨어져 죽을 위기입니다. 나사렛 사람들이 주님을 그곳에 세웠습니다. 왜 그들은 거룩한 안식일에 이토록 잔뜩 화 난 것일까요?

나사렛 사람들은 주님의 고향 사람들입니다. 겉으로는 주님을 긍정 평가하지만, 속으로는 가난한 요셉의 아들일 뿐이라고 무시했습니다.

그들의 시선은 과거의 익숙함에만 머물러 있어서 주님을 하나님의 아들로 믿지 않았습니다. 그래서 주님이 속담과 성경으로 자신들의 불신앙을 지적하자 잔뜩 화가 난 것입니다. 아픈 곳을 찌르니 발끈하면서 감추었던 발톱을 드러낸 것이죠.

주님, 그들처럼 저의 경험과 지식
그리고 익숙함이 구원의 장애물이 되지 않게 하소서.
주님의 말씀이 저의 생각과 다르다고 하여
주님을 벼랑 끝으로 몰아세우지 않게 하소서.

Day 10

컴패션

마가복음 6:30~34

[30]사도들이 예수께 모여 자기들이 행한 것과 가르친 것을 낱낱이 고하니 [31]이르시되 너희는 따로 한적한 곳에 가서 잠깐 쉬어라 하시니 이는 오고 가는 사람이 많아 음식 먹을 겨를도 없음이라 [32]이에 배를 타고 따로 한적한 곳에 갈새 [33]그들이 가는 것을 보고 많은 사람이 그들인 줄 안지라 모든 고을로부터 도보로 그 곳에 달려와 그들보다 먼저 갔더라 [34]예수께서 나오사 큰 무리를 보시고 그 목자 없는 양 같음으로 인하여 불쌍히 여기사 이에 여러 가지로 가르치시더라

　주님의 삶을 한마디로 표현하라면, 컴패션compassion이라고 말하고 싶습니다. 주님은 항상 다른 사람의 고통passion, 패션과 함께 com, 컴 하셨습니다. 뿐만 아니라 그 고통을 덜어주려고 애쓰셨죠. 오늘 말씀만 보아도 그렇습니다.

　제자들이 전도여행에서 돌아왔습니다. 그들은 지쳐 있었죠. 하지만 쉴 수가 없었습니다. 많은 사람들이 예수님께 몰려들었기 때문이죠. 밥 먹을 시간도 없이 다시 일해야 했습니다. 그때 주님은 과감히 일을 멈추셨습니다. 그리고 제자들을 조용한 곳으로 보내어 쉬게 하셨죠.

　주님은 악덕업주나 폭군처럼 착취하는 분이 아닙니다. 조금 쉰다고 혼내실 분도 아닙니다. 월, 화, 수, 목, 금, 금, 금을 살고 있나요? 조용한 곳에서 주님 품에 안겨 잠시 쉬어 보세요.

오늘 저의 불쌍한 영혼을 주님께 맡깁니다.
안아주소서!

Day 11

마태와의 파티

누가복음 5:27~32

[27]그 후에 예수께서 나가사 레위라 하는 세리가 세관에 앉아 있는 것을 보시고 나를 따르라 하시니 [28]그가 모든 것을 버리고 일어나 따르니라 [29]레위가 예수를 위하여 자기 집에서 큰 잔치를 하니 세리와 다른 사람이 많이 함께 앉아 있는지라 [30]바리새인과 그들의 서기관들이 그 제자들을 비방하여 이르되 너희가 어찌하여 세리와 죄인과 함께 먹고 마시느냐 [31]예수께서 대답하여 이르시되 건강한 자에게는 의사가 쓸 데 없고 병든 자에게라야 쓸 데 있나니 [32]내가 의인을 부르러 온 것이 아니요 죄인을 불러 회개시키러 왔노라

“나중에 밥 한번 먹어요!”는 친해지고 싶다는 뜻입니다. 예나 지금이나 동·서양 구분 없이 밥은 사람과 사람을 가깝게 해주죠.

주님과 마태가 밥을 같이 먹었습니다. 제자들과 세리들이 함께 큰 잔치를 벌였죠. 그런데 가버나움 동네 사람들은 수군거립니다. 똑똑한 바리새인은 ‘쯧쯧쯧’ 혀를 차며, 많이 배운 서기관은 팔짱을 끼고 손가락질을 했습니다. 그들 눈에는 마태와 같은 세리는 함께 밥을 먹을 수 없는 더러운 사람이자 죄인이었기 때문입니다. 그러나 주님의 눈에는 치료만 받으면 건강해질 수 있는 사람들이었죠. 주님의 눈에 마태는 회개하면 의인이 될 수 있는 사람, 무한한 영적 가능성이 있는 사람으로 보였습니다. 그래서 주님은 마태에게 “나를 따르라!”고 말씀하셨습니다.

저도 오늘 용기를 내어 주님을 초대합니다. 어서 오셔서 저와 밥 한번 먹어주세요.

어제까지는 아팠지만,
어제까지는 더러웠지만,
주님과 함께 밥 먹으며 얘기하면
치유되고 깨끗해질 것을 믿습니다!

Day 12

백부장의 멋짐

마태복음 8:5~10

[5]예수께서 가버나움에 들어가시니 한 백부장이 나아와 간구하여 [6]이르되 주여 내 하인이 중풍병으로 집에 누워 몹시 괴로워하나이다 [7]이르시되 내가 가서 고쳐 주리라 [8]백부장이 대답하여 이르되 주여 내 집에 들어오심을 나는 감당하지 못하겠사오니 다만 말씀으로만 하옵소서 그러면 내 하인이 낫겠사옵나이다 [9]나도 남의 수하에 있는 사람이요 내 아래에도 군사가 있으니 이더러 가라 하면 가고 저더러 오라 하면 오고 내 종더러 이것을 하라 하면 하나이다 [10]예수께서 들으시고 놀랍게 여겨 따르는 자들에게 이르시되 내가 진실로 너희에게 이르노니 이스라엘 중 아무에게서도 이만한 믿음을 보지 못하였노라

가버나움의 백부장![6] 그는 주님을 놀라게 한 멋진 남자였습니다. 요즘 말로 '멋짐 폭발'이었죠. 주님이 그에게 놀라신 이유를 살펴볼까요?

먼저, 그의 머리 숙이는 모습이 멋졌답니다. 점령군 장교가 식민지 주민에게 머리를 숙여 정중히 부탁하는 모습은 과히 아름다웠지요. 둘째, 약자를 돕는 모습이 멋졌습니다. 중풍병 걸린 하인을 그냥 쫓아낼 수도 있었지만 그는 약한 자, 병든 자, 낮은 자를 위해 자신의 힘을 썼어요. 셋째, 주님을 믿는 모습이 멋졌습니다. 그는 주님이 말씀만 하셔도 자신의 병든 하인이 치료될 것이라 믿었지요. 마지막으로, 주님을 배려하고 걱정하는 모습이 멋졌습니다. 백부장은 주님이 자신과 접촉하여 부정해지는 것을 원치 않았어요.

백부장의 겸손과 섬김 그리고 믿음과 배려가
오늘 저의 마음에도 잔잔한 감동의 파도를 일으킵니다.
주님! 저도 백부장처럼 멋진 사람이 되고 싶습니다.

---

6 백부장이란 1백 명의 부하 군인을 지휘하는 로마 장교를 지칭한다. 로마 군단은 6천 명으로, 백부장 60명이 이끌었다. 백부장은 로마 사회에서 높은 보수를 받는 좋은 직업이었다. 뿐만 아니라 은퇴 이후에도 존경받고 영향력 있는 시민이었다.

Day 13

반전과 역전의 삶

누가복음 7:11~17

[11]그 후에 예수께서 나인[7]이란 성으로 가실새 제자와 많은 무리가 동행하더니 [12]성문에 가까이 이르실 때에 사람들이 한 죽은 자를 메고 나오니 이는 한 어머니의 독자요 그의 어머니는 과부라 그 성의 많은 사람도 그와 함께 나오거늘 [13]주께서 과부를 보시고 불쌍히 여기사 울지 말라 하시고 [14]가까이 가서 그 관에 손을 대시니 멘 자들이 서는지라 예수께서 이르시되 청년아 내가 네게 말하노니 일어나라 하시매 [15]죽었던 자가 일어나 앉고 말도 하거늘 예수께서 그를 어머니에게 주시니 [16]모든 사람이 두려워하며 하나님께 영광을 돌려 이르되 큰 선지자가 우리 가운데 일어나셨다 하고 또 하나님께서 자기 백성을 돌보셨다 하더라 [17]예수께 대한 이 소문이 온 유대와 사방에 두루 퍼지니라

세상에서 가장 슬픈 장례 행렬이 나인 성문 밖으로 나오고 있었습니다. 아들을 잃은 어머니의 통곡 소리가 하늘을 찌르고, 성 전체를 울렸습니다. 함께하는 사람들은 슬픔에 흐느꼈고, 절망에 침묵했습니다. 바로 그때 저 멀리서 다른 행렬이 다가왔습니다. 주님이셨습니다. 주님이 그 어머니를 찾아오신 것입니다.

주님은 가장 먼저 그 어머니를 안아주었습니다. 함께 아파하며 "울지 마세요"라고 위로해 주셨습니다. 그다음 관에 손을 얹으셨습니다. 이를 본 사람들은 "시체를 만지면 부정해지는데……"라며 소곤거렸습니다. 하지만 주님은 아랑곳하지 않고 "청년아, 일어나라!"고 명령하셨습니다. 그러자 놀라운 일이 일어났습니다. 죽었던 청년이 다시 살아난 것입니다.

죽음의 행렬이 생명의 행렬로 반전되었습니다.
눈물이 웃음으로, 슬픔이 기쁨으로,
절망이 소망으로 역전되었습니다.
주님, 그런 반전과 역전이 저의 삶에도 일어나게 하소서!

---

1 나사렛에서 동남쪽으로 8km 떨어진 갈릴리의 한 성읍이다. 나인은 '즐거움'이라는 뜻이 있었으며, 오늘날에는 네인(Nein)이라고 불린다.

Day 14

혈루증 여인의 **믿음**

누가복음 8:43~48

[43]이에 열두 해를 혈루증으로 앓는 중에 아무에게도 고침을 받지 못하던 여자가 [44]예수의 뒤로 와서 그의 옷 가에 손을 대니 혈루증이 즉시 그쳤더라 [45]예수께서 이르시되 내게 손을 댄 자가 누구냐 하시니 다 아니라 할 때에 베드로가 이르되 주여 무리가 밀려들어 미나이다 [46]예수께서 이르시되 내게 손을 댄 자가 있도다 이는 내게서 능력이 나간 줄 앎이로다 하신대 [47]여자가 스스로 숨기지 못할 줄 알고 떨며 나아와 엎드리어 그 손 댄 이유와 곧 나은 것을 모든 사람 앞에서 말하니 [48]예수께서 이르시되 딸아 네 믿음이 너를 구원하였으니 평안히 가라 하시더라

혈루증[8]을 앓고 있는 여자가 있었습니다. 용하다는 의사는 다 찾아다니며 치부를 드러냈습니다. 돈은 돈대로 다 쓰고, 고생은 고생대로 했지만 나아지기는커녕 더 아팠습니다. 이런 헛수고만 벌써 12년째! 남은 것은 너덜너덜해진 몸과 마음뿐이었습니다. 딱 죽고 싶은 상황, 그때 주님이 나타나셨습니다.

여자는 주님의 옷자락만 만져도 나을 것이라는 믿음을 가지고 군중들 사이를 비집고 들어갔습니다. 그리고는 몰래 주님의 옷자락을 만졌습니다. 순간 주님의 능력이 '훅' 들어왔습니다. 고통이 순식간 날아갔습니다. 그러나 주님의 능력을 훔쳤다는 죄책감은 어떻게 할 수가 없었습니다. 그때 주님의 목소리가 들렸습니다.

"딸아, 네 믿음이 너를 구원하였으니 평안히 가라!"

'나는 이미 더럽고, 충분히 추하다. 주님은 나 같은 실패자를 만나 주지 않으실 거다'라고 생각합니까? 그런 분들에게 이렇게 제안합니다. "주님의 옷자락이라도 만져보세요!"

---

8 혈루증은 자궁 출혈로 인해서 생리 기간 이외에도 하혈을 계속하는 부인과 질병이다.

Day 15

부스러기 은혜

마태복음 15:21~28

[21]예수께서 거기서 나가사 두로와 시돈 지방으로 들어가시니 [22]가나안 여자 하나가 그 지경에서 나와서 소리 질러 이르되 주 다윗의 자손이여 나를 불쌍히 여기소서 내 딸이 흉악하게 귀신 들렸나이다 하되 [23]예수는 한 말씀도 대답하지 아니하시니 제자들이 와서 청하여 말하되 그 여자가 우리 뒤에서 소리를 지르오니 그를 보내소서 [24]예수께서 대답하여 이르시되 나는 이스라엘 집의 잃어버린 양 외에는 다른 데로 보내심을 받지 아니하였노라 하시니 [25]여자가 와서 예수께 절하며 이르되 주여 저를 도우소서 [26]대답하여 이르시되 자녀의 떡을 취하여 개들에게 던짐이 마땅하지 아니하니라 [27]여자가 이르되 주여 옳소이다마는 개들도 제 주인의 상에서 떨어지는 부스러기를 먹나이다 하니 [28]이에 예수께서 대답하여 이르시되 여자여 네 믿음이 크도다 네 소원대로 되리라 하시니 그 때로부터 그의 딸이 나으니라

가나안 여자는 사랑하는 딸을 위해 간절히 기도했습니다. 불쌍히 여겨 달라고 목이 터져라 간청했습니다. 하지만 주님은 외면하고 침묵하셨습니다. 거들떠보지도 않고 등을 돌리셨습니다. 주님의 모습이 낯설게 느껴집니다. 제자들이 부탁해도 안 된다고 거절하십니다. 심지어 가나안 여자를 개들에 비유하며 무시하셨습니다.

'사랑의 예수님이 왜 그렇게 싸늘하셨을까?'라는 의문이 생겨납니다. 하지만 말씀의 끝자락에 가면, 주님이 왜 침묵하고 외면하셨는지를 이해할 수 있습니다. 주님은 여자의 믿음을 시험해 보신 것입니다. 여자가 부스러기 은혜를 구할 때 말이죠. 저도 때때로 주님의 침묵에 기운이 빠질 때가 있습니다. 언제까지 이 기도를 해야 할까 의심이 들기도 합니다. 하지만 주님! 기도하겠습니다. 저도 가나안 여자처럼 부스러기 은혜를 바랍니다.

저의 간절한 기도가 응답되지 않는다고
낙심하지 않게 하소서.
끝까지, 계속 기도하게 하소서.
결국엔 임하게 될 부스러기 은혜를 기다리게 하소서.

Day 16

시련은 만남의 장소

마가복음 5:22~24, 41~42

[22]회당장 중의 하나인 야이로라 하는 이가 와서 예수를 보고 발 아래 엎드리어 [23]간곡히 구하여 이르되 내 어린 딸이 죽게 되었사오니 오셔서 그 위에 손을 얹으사 그로 구원을 받아 살게 하소서 하거늘 [24]이에 그와 함께 가실새 큰 무리가 따라가며 에워싸 밀더라 …… [41]그 아이의 손을 잡고 이르시되 달리다굼 하시니 번역하면 곧 내가 네게 말하노니 소녀야 일어나라 하심이라 [42]소녀가 곧 일어나서 걸으니 나이가 열두 살이라 사람들이 곧 크게 놀라고 놀라거늘

사랑하는 딸이 죽어가고 있습니다. 야이로는 회당장[9]이었지만, 딸을 위해 해줄 수 있는 것이 아무것도 없었습니다. 이는 그에게 너무나도 큰 시련이었습니다. 그런데 갑자기 야이로가 어디론가 달리기 시작합니다. 야이로가 헐떡이며 멈춰 선 그곳에는 주님이 서 계셨습니다. 야이로는 주님의 발아래 '털퍼덕' 엎드렸습니다. 큰 시련이 야이로를 주님께로 인도한 것입니다.

만약 큰 시련이 없었다면, 야이로는 영원히 회당이라는 장벽 안에 갇혀 주님을 만나지 못했을 것입니다. 시련은 시리고 차가운 바람과 같습니다. 하지만 우리를 주님께로 인도해주는 고마운 바람입니다. 시련의 바람은 교만의 옷을 벗게 하고 겸손하게 만듭니다. 고집의 장벽을 거두어 자유롭게 만듭니다.

인생의 언덕에 시련의 바람이 분다고
너무 웅크려 들지 마세요. 주님이 그 언덕에 이미 서 계시니,
그 주님께 달려가 엎드리기만 하면 다 해결해주실 겁니다.

9　회당장이란 유대교의 회당을 관리하는 책임자로, 회당 예배를 주관하기도 했다. 또한 율법을 읽고 해석할 랍비를 섭외하는 권한이 있었다. 유대인 공동체에서는 존경받는 인물로, 율법을 어긴 사람을 질책하는 역할도 담당했다. 회당장은 회당 장로 중에서 투표로 선출하였다.

Day 17

믿음의 돛

마태복음 8:23~27

23배에 오르시매 제자들이 따랐더니 24바다에 큰 놀이 일어나 배가 물결에 덮이게 되었으되 예수께서는 주무시는지라 25그 제자들이 나아와 깨우며 이르되 주여 구원하소서 우리가 죽겠나이다 26예수께서 이르시되 어찌하여 무서워하느냐 믿음이 작은 자들아 하시고 곧 일어나사 바람과 바다를 꾸짖으시니 아주 잔잔하게 되거늘 27그 사람들이 놀랍게 여겨 이르되 이이가 어떠한 사람이기에 바람과 바다도 순종하는가 하더라 주님, 저는 인생의 바다가 늘 잔잔하면 좋겠습니다. 그래서 청옥색 바다를 유유히 항해하며 성공의 항구를 누리고 싶습니다.

그러나 그 바다에는 언제나 파도가 그치질 않습니다. 그놈은 예고 없이 밀려오고 때로는 너무 커서 저를 삼켜버릴 것만 같습니다. 게다가 헤밍웨이 소설[10]의 주인공처럼 정체 모를 인생 물고기와 실랑이를 벌입니다. 별 소득도 없이 말이죠.

오늘 무릎을 '탁!' 치며 깨달았습니다. 이 모든 것이 저의 믿음을 위한 것이라는 사실을 말입니다.

인생의 바다에 파도가 칠 때에는
믿음의 돛을 활짝 펴게 하소서.
저의 힘과 경험과 지식으로
어떻게 해보려고 애쓰지 않게 하소서.
오직 주님만 의지하고 의존하는 믿음을 주소서.

---

10 헤밍웨이의 소설이란 『노인과 바다』를 말한다.

Day 18

떡보다 주님

마태복음 16:7~10

[7]제자들이 서로 논의하여 이르되 우리가 떡을 가져오지 아니하였도다 하거늘 [8]예수께서 아시고 이르시되 믿음이 작은 자들아 어찌 떡이 없으므로 서로 논의하느냐 [9]너희가 아직도 깨닫지 못하느냐 떡 다섯 개로 오천 명을 먹이고 주운 것이 몇 바구니며 [10]떡 일곱 개로 사천 명을 먹이고 주운 것이 몇 광주리였는지를 기억하지 못하느냐

한참을 웃었습니다. 오늘 말씀 속 제자들의 모습이 어찌 저와 이리도 같은지……. 종종 말씀을 들을 때나 성경을 묵상할 때, 딴 생각이 '훅' 치고 들어올 때가 있습니다.

"떡을 바다 건너편에 놓고 왔어. 어떡하지?"
"정말? 어떡하지? 말씀 끝나면 밥 먹어야 하는데……."
"어떡하지?"

제자들은 잊고 있었습니다. 주님은 떡 5개로 5천 명을 먹이시고, 7개로 4천 명을 먹이셨던 분이라는 사실을요. 주님을 잊어버린다는 것은 믿음이 작음을 의미합니다.

그런 면에서 저는 믿음이 작다 못해 아예 없는 것 같습니다. 삶의 현장에서, 급박한 상황에서 늘 주님을 잊기 때문입니다. 제자늘처럼 "이떡하지?"만 외치는 저를 봅니다.

주님, 저에게 큰 믿음을 주소서!
삶의 모든 현장과 상황 속에서 주님을 잊지 않고,
제일 먼저 기억하게 하소서.

Day 19

에바다!

마가복음 7:31~35

[31]예수께서 다시 두로 지방에서 나와 시돈을 지나고 데가볼리[11] 지방을 통과하여 갈릴리 호수에 이르시매 [32]사람들이 귀 먹고 말 더듬는 자를 데리고 예수께 나아와 안수하여 주시기를 간구하거늘 [33]예수께서 그 사람을 따로 데리고 무리를 떠나사 손가락을 그의 양 귀에 넣고 침을 뱉어 그의 혀에 손을 대시며 [34]하늘을 우러러 탄식하시며 그에게 이르시되 에바다 하시니 이는 열리라는 뜻이라 [35]그의 귀가 열리고 혀가 맺힌 것이 곧 풀려 말이 분명하여졌더라

"예수가 침을 뱉었다. 그것도 장애인에게만!"

주님을 깎아내리는 기사 제목처럼 들립니다. 하지만 사실입니다.

주님은 갈릴리 동쪽 해변의 청각-언어장애인을 치유하실 때에 침을 사용하셨습니다.[12] 어떤 이들은 주님의 침까지도 능력이 있다고 치켜세웁니다. 그러나 진짜 집중해야 할 것은 침이 아닙니다. "에바다!"[13]라고 하신 주님의 말씀입니다. 치유의 능력은 침이 아닌 말씀 속에 있기 때문입니다.

주님의 말씀은 태초부터 무질서를 질서로 변화시키는 능력이 있었습니다. 그 권위 있는 말씀에 사람들의 귀가 열리고 입이 열렸던 것입니다. 지금도 동일합니다.

주님, 저를 향해 "에바다!"라고 명령하소서. 그래서 저의 눈이 열려 주님을 보게 하시고, 저의 귀가 열려 말씀을 듣게 하소서. 저의 입술이 열려 기도하고 찬송하게 하소서.

---

11 데가볼리는 갈릴리 바다 남동쪽에 있었던 10개의 헬라식 신도시 지역을 부르는 말이다. 데카(10) ㅣ 폴리스(도시)라는 뜻이다. 주님은 시돈에서부터 갈릴리 북쪽과 동쪽 주변을 거쳐 데가볼리를 지나 갈릴리 동쪽 해변에 도착하셨다.

12 벳새다의 시각장애인(마가복음 8:23)과 예루살렘의 시각장애인(요한복음 9:6)을 치유하실 때에도 침을 사용하셨다.

13 주님은 아람어를 사용하셨다. '에바다'는 아람어 에트프타흐의 음역이며, '열려라'는 명령어이다.

Day 20

선한 목자

요한복음 10:11~15

[11]나는 선한 목자라 선한 목자는 양들을 위하여 목숨을 버리거니와 [12]삯꾼은 목자가 아니요 양도 제 양이 아니라 이리가 오는 것을 보면 양을 버리고 달아나나니 이리가 양을 물어 가고 또 헤치느니라 [13]달아나는 것은 그가 삯꾼인 까닭에 양을 돌보지 아니함이나 [14]나는 선한 목자라 나는 내 양을 알고 양도 나를 아는 것이 [15]아버지께서 나를 아시고 내가 아버지를 아는 것 같으니 나는 양을 위하여 목숨을 버리노라

"나는 선한 목자다!"

정말로 멋진 소개입니다. 마음이 든든합니다. 왜냐하면 삯꾼과 선한 목자는 레벨부터 다르기 때문이죠. 이리 떼가 공격할 때 삯꾼은 도망가지만, 선한 목자는 목숨을 걸고 양들을 지킵니다. 주님도 마찬가지예요.

주님은 목숨 걸고 저를 지켜주십니다. 십자가만 봐도 잘 알 수 있죠. 뿐만 아니라 주님은 어떤 일이 있어도 저를 떠나지 않으세요. 혹시 제가 숨어 있더라도, 주님은 반드시 저를 찾아내실 겁니다. 또한 주님은 저의 모든 필요를 알고 계시죠. 주님은 양이 굶어 죽든, 아파 죽든 상관하지 않는 삯꾼과는 차원이 다르기 때문이에요.

그런데 갑자기 한 가지가 궁금해지네요. 주님은 왜 저의 선한 목자가 되어 주실까요?

그건 바로 사랑하시기 때문이죠.
그리고 저의 주인이기에,
저를 영원히 책임져 주시는 겁니다.

Day 21

입술의 30초, 가슴의 30년

요한복음 8:5~9

[5]모세는 율법에 이러한 여자를 돌로 치라 명하였거니와 선생은 어떻게 말하겠나이까 [6]그들이 이렇게 말함은 고발할 조건을 얻고자 하여 예수를 시험함이러라 예수께서 몸을 굽히사 손가락으로 땅에 쓰시니 [7]그들이 묻기를 마지 아니하는지라 이에 일어나 이르시되 너희 중에 죄 없는 자가 먼저 돌로 치라 하시고 [8]다시 몸을 굽혀 손가락으로 땅에 쓰시니 [9]그들이 이 말씀을 듣고 양심에 가책을 느껴 어른으로 시작하여 젊은이까지 하나씩 하나씩 나가고 오직 예수와 그 가운데 섰는 여자만 남았더라

주님, 오늘도 저는 돌을 집어던졌습니다.

상대방의 잘못을 지적하는 비난의 돌, 마음을 아프게 하는 돌, 영혼을 죽일 수도 있는 돌을 말이죠. 마치 투석기投石器가 된 것처럼……. 입술의 30초가 가슴의 30년이라던데, 저는 아랑곳하지 않고 무조건 던졌습니다.

주님은 죄 없는 자가 먼저 돌로 치라고 하셨는데, 저는 죄인 중의 괴수인데도 돌을 던집니다. 저의 들보가 이리도 큰데, 상대방의 티끌을 비난합니다. 입술에 자물쇠를 채워야 할까요? 지퍼를 달아야 할까요?

주님, 간구합니다!
돌을 내려놓게 하소서.
죄는 미워하되, 죄인은 용서하게 하소서.
죄는 분별하되, 죄인은 사랑하게 하소서.

Day 22

감사하는 그 한 사람

누가복음 17:11~19

[11]예수께서 예루살렘으로 가실 때에 사마리아와 갈릴리 사이로 지나가시다가 [12]한 마을에 들어가시니 나병환자[14]열 명이 예수를 만나 멀리 서서 [13]소리를 높여 이르되 예수 선생님이여 우리를 불쌍히 여기소서 하거늘 [14]보시고 이르시되 가서 제사장들에게 너희 몸을 보이라 하셨더니 그들이 가다가 깨끗함을 받은지라 [15]그 중의 한 사람이 자기가 나은 것을 보고 큰 소리로 하나님께 영광을 돌리며 돌아와 [16]예수의 발 아래에 엎드리어 감사하니 그는 사마리아 사람이라 [17]예수께서 대답하여 이르시되 열 사람이 다 깨끗함을 받지 아니하였느냐 그 아홉은 어디 있느냐 [18]이 이방인 외에는 하나님께 영광을 돌리러 돌아온 자가 없느냐 하시고 [19]그에게 이르시되 일어나 가라 네 믿음이 너를 구원하였느니라 하시더라

열 명 모두 주님을 만났습니다. 열 명 모두 기도했고, 열 명 모두 치유를 받았습니다. 열 명 모두 주님의 은혜를 받았죠. 하지만 단 한 명만 주님께 돌아왔습니다. 단 한 명만 영광을 돌렸고, 단 한 명만 엎드려 감사했습니다. 그리고 가장 중요한 것! 오직 그 한 명만 믿음으로 구원을 받았습니다.

감사는 아무나 할 수 있는 것이 아닙니다. 은혜를 은혜로 느끼고, 은총을 은총으로 여기는 사람만이 감사합니다. 감사는 믿음이 있어야만 가능합니다. 주님은 오늘도 감사하는 그 한 사람을 찾고 계십니다. 그리고 제가 그 한 사람이 되길 원합니다.

은혜를 은혜로, 은총을 은총으로 느끼며
찬송하고 감사할 줄 아는 사람이 되게 하소서.
불평, 불만, 불안을 다 내려놓고 감사 또 감사하게 하소서.

---

14 나균의 침입으로 생기는 만성 질병이다. '한센이 발견했다' 하여 한센씨병(Hansen's disease)이라고도 하며, 옛날에는 문둥병이라 했다. 나균에 의해 얼굴 주변에 결절이 생기고 손발 관절이 녹아내리지만 통증을 느끼지 못한다. 고대 근동에서는 신의 저주로 여겨졌으며, 사회와 격리되어 살았다.

Day 23

가라, 레기온!

마가복음 5:7~13

[7]큰 소리로 부르짖어 이르되 지극히 높으신 하나님의 아들 예수여 나와 당신이 무슨 상관이 있나이까 원하건대 하나님 앞에 맹세하고 나를 괴롭히지 마옵소서 하니 [8]이는 예수께서 이미 그에게 이르시기를 더러운 귀신아 그 사람에게서 나오라 하셨음이라 [9]이에 물으시되 네 이름이 무엇이냐 이르되 내 이름은 군대니 우리가 많음이니이다 하고 [10]자기를 그 지방에서 내보내지 마시기를 간구하더니 [11]마침 거기 돼지의 큰 떼가 산 곁에서 먹고 있는지라 [12]이에 간구하여 이르되 우리를 돼지에게로 보내어 들어가게 하소서 하니 [13]허락하신대 더러운 귀신들이 나와서 돼지에게로 들어가매 거의 이천 마리 되는 떼가 바다를 향하여 비탈로 내리달아 바다에서 몰사하거늘

주님께서 귀신들의 이름을 묻자 "레기온[15]입니다"라고 대답합니다. 로마 제국은 '레기온'을 자랑스럽게 생각했습니다. 하지만 식민지 백성들에게 레기온은 치가 떨리는 이름이었죠.

당시 레기온은 잔인하게 아들들을 죽였습니다. 마음대로 딸들을 성폭행하였습니다. 피땀 흘려 번 돈을 세금이라는 명목하에 빼앗아 갔습니다. 강제 노역을 시키고, 전통문화를 말살하려 했습니다. 때문에 그들은 레기온으로 인한 영혼의 혼돈과 무질서를 겪어야 했습니다. 마치 우리가 일제시대를 겪은 것처럼!

주님은 그 레기온에게 "가라!"Go!고 명령하셨습니다.[16] 그리고 마침내 레기온은 부정한 세력과 함께 바다 속으로 사라져 버렸습니다. 그 주님이 오늘도 저와 함께하십니다.

주님, 이 시대의 레기온을 향해서도
"가라!"고 명령하여 주소서.
저의 삶에 무질서와 혼돈을 주는 모든 레기온들도 물리쳐 주소서.

---

[15] 헬라어 원문 레기온(λεγεών)을 개역개정에서는 '군대'라고 번역하였다. 레기온은 로마 군대의 기본 단위로 5~6천 명으로 구성되었다. 그들은 각종 신식 무기와 전문적인 살인 훈련을 받은 로마 군인들이었다.

[16] 마태복음 8장 32절을 참고하라.

Day 24

시선 고정이 믿음

마태복음 14:28~32

[28]베드로가 대답하여 이르되 주여 만일 주님이시거든 나를 명하사 물 위로 오라 하소서 하니 [29]오라 하시니 베드로가 배에서 내려 물 위로 걸어서 예수께로 가되 [30]바람을 보고 무서워 빠져 가는지라 소리 질러 이르되 주여 나를 구원하소서 하니 [31]예수께서 즉시 손을 내밀어 그를 붙잡으시며 이르시되 믿음이 작은 자여 왜 의심하였느냐 하시고 [32]배에 함께 오르매 바람이 그치는지라

바실리스크도마뱀의 별명은 재밌게도 예수도마뱀입니다. 주님처럼 물 위를 걷기 때문이죠. 비결은 1초당 20걸음을 걷는 빠른 발입니다. 하지만 베드로도마뱀으로 별명을 다시 붙여야 합니다. 왜냐하면 바실리스크도마뱀은 고작 4m를 걷다가 다시 물에 빠지기 때문입니다.

베드로는 왜 물 위를 걷다가 빠졌을까요? 그건 바로 시선을 빼앗겼기 때문입니다. 주님께 집중하던 시선이, 주님만 바라보아야 할 시선이 바람에 출렁이는 파도를 본 것입니다. 베드로는 파도를 본 순간 무서움이 몰려들고 의심이 찾아왔습니다.

큰 믿음은 시선을 주님께만 고정하는 것입니다. 그러나 살다 보면 종종 시선을 빼앗길 때가 있습니다. 주님의 말씀에 의지하여 믿음으로 물[17] 위를 걸어야 하는데, 자꾸 삶의 여러 상황을 바라보며 두려워하고 의심합니다.

주님, 저의 시선이 오직 주님께만 고정될 수 있도록 하소서.
의심하지 않고 주님만 의지하게 하소서.

---

17 성경에서 물은 무질서와 혼돈의 상징이다. 하나님은 태초부터 물의 세력을 통치하고 다스리셨다. 성령님은 수면 위를 운행하신다(창세기 1:2). 하나님은 홍해를 가르시고, 요단강도 멈추셨다. 삼위일체 하나님은 지금도 세상의 무질서와 혼돈을 통제하고 지배하신다.

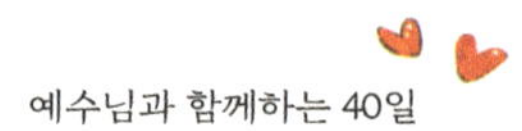

Day 25

주님의 교회

마태복음 16:16~18

[16]시몬 베드로가 대답하여 이르되 주는 그리스도시요 살아 계신 하나님의 아들이시니이다 [17]예수께서 대답하여 이르시되 바요나 시몬아 네가 복이 있도다 이를 네게 알게 한 이는 혈육이 아니요 하늘에 계신 내 아버지시니라 [18]또 내가 네게 이르노니 너는 베드로라 내가 이 반석 위에 내 교회를 세우리니 음부의 권세가 이기지 못하리라

　제자들이 수능시험을 보았습니다. 장소는 빌립보 가이사랴[18]였고, 문제는 '너희는 나를 누구라 하느냐?'였습니다. 베드로가 만 점짜리 정답을 내놓았습니다. 주님은 베드로의 신앙고백에 덧붙여 중요한 계획을 발표하셨죠. 그건 바로 '내 교회'를 세우신다는 계획이었습니다. 예수님을 주인으로 섬기는 사람들의 모임을 세우시겠다는 계획입니다.

　사도행전을 시작으로, 2천 년 동안 세계 방방곡곡에 교회가 세워졌습니다. 여기서 반드시 기억해야 할 진리가 있습니다. 오직 주님만이 교회의 주인이시라는 진리입니다. 2천 년 교회 역사를 돌아보면, 사람이 교회의 주인 행세를 할 때 교회가 병들었습니다. 교회의 주인은 목사도, 성도도 아닙니다. 그 어느 때보다 주님이 말씀하신 '내 교회'라는 세 글자를 기억해야 하는 시대입니다.

주님, 이 땅 위에도 주님의 교회들이 많이 세워지게 하소서.
사람이 주인 된 병든 교회들이,
속히 주님이 주인 되신 건강한 교회로 회복되게 하소서.

---

18 빌립보 가이사랴는 갈릴리 호수에서 북쪽 40km 정도 떨어져 있었다. 헤롯 빌립 왕이 티베리우스 황제를 기념하여 재건한 도시였다. 주로 이방인들이 거주했기에 유대인들이 따라올 수 없었다. 주님은 갈릴리 사역을 마무리하고 예루살렘으로 올라갈 시점에 제자들의 믿음을 조용히 점검하려 하셨다.

Day 26

주님의 꿈

마태복음 16:21~23

[21]이 때로부터 예수 그리스도께서 자기가 예루살렘에 올라가 장로들과 대제사장들과 서기관들에게 많은 고난을 받고 죽임을 당하고 제삼일에 살아나야 할 것을 제자들에게 비로소 나타내시니 [22]베드로가 예수를 붙들고 항변하여[19] 이르되 주여 그리 마옵소서 이 일이 결코 주께 미치지 아니하리이다 [23]예수께서 돌이키시며 베드로에게 이르시되 사탄아 내 뒤로 물러 가라 너는 나를 넘어지게 하는 자로다 네가 하나님의 일을 생각하지 아니하고 도리어 사람의 일을 생각하는도다 하시고

"난 꿈이 있어요, 그 꿈을 믿어요, 나를 지켜봐요~"[20]

날 수 없었던 갈릴리의 어부 베드로는 주님을 만난 후부터 거위의 꿈을 꾸기 시작했습니다. 주님이 왕이 되시면 자신은 총리가 된다는 꿈이었죠. 요셉이나 다니엘과 같은 총리가 되어 하나님의 제국을 호령하는 꿈 말입니다.

그런데 그 꿈이 물거품이 될 위기에 처했습니다. 주님이 왕이 되기는커녕 고난을 받다 죽을 거라고 예고하셨기 때문이죠. 베드로는 입에 거품을 물고 반대를 하였습니다. 애원하기도 하고, 호통을 치기도 했죠. 하지만 주님은 대답은 단호하셨습니다. "꿈 깨라!"

주님의 꿈은 거위의 꿈이 아닌 십자가의 꿈이었습니다. 낮아지고 더 낮아지는, 마치 소금이 녹아 보이진 않아도 음식에 맛을 더하는 것처럼! 그것이 바로 주님의 꿈이었습니다.

주님, 혹시 제가 베드로와 같은 거위의 꿈을 꾸고 있다면 저에게도 말씀해 주소서. 꿈 깨라!

---

19 '항변'이라 번역된 헬라어 에피디마오(ἐπιτιμάω)는 '꾸짖다'라는 뜻이다. 강력하게 항의하면서 반대하는 것, 심하게 비난하는 것을 말한다.

20 《거위의 꿈》(이적 작사, 김동률 작곡)의 노랫말 중 일부이다.

Day 27

진짜 제자

마태복음 16:24~27

[24]이에 예수께서 제자들에게 이르시되 누구든지 나를 따라오려거든 자기를 부인하고 자기 십자가를 지고 나를 따를 것이니라 [25]누구든지 제 목숨을 구원하고자 하면 잃을 것이요 누구든지 나를 위하여 제 목숨을 잃으면 찾으리라 [26]사람이 만일 온 천하를 얻고도 제 목숨을 잃으면 무엇이 유익하리요 사람이 무엇을 주고 제 목숨과 바꾸겠느냐 [27]인자가 아버지의 영광으로 그 천사들과 함께 오리니 그 때에 각 사람이 행한 대로 갚으리라

오늘도 세상은 자기를 사랑하라고 소리를 칩니다. 그런데 주님은 반대편에서 자기를 부인하라고 말씀합니다. 저는 중간에서 어리둥절하네요.

세상의 많은 사람들은 자기 목표의 언덕 위에 깃발을 꽂기 위해 저리도 열심인데, 주님은 그저 주님처럼 십자가를 지라 하시니 정말 어찌해야 합니까?

자기를 부인하고 자기 십자가를 주님처럼 지어야 진짜 제자라고 하시니 부담백배입니다. 무겁지 않으면 십자가가 아니고, 아프지 않으면 십자가가 아닌데……

주님! 잘 몰라도, 부담스러워도, 투덜거려도
주님만을 따라가게 하소서.
울면서 가도 주님만을 따라가게 하소서.

이 길 끝에서,
부활의 언덕에서 주님을 만나게 될 것을
소망하며 나아가게 하소서.

Day 28

부활 맛보기

마태복음 17:1~5

엿새 후에 예수께서 베드로와 야고보와 그 형제 요한을 데리시고 따로 높은 산에 올라가셨더니 [2]그들 앞에서 변형되사 그 얼굴이 해 같이 빛나며 옷이 빛과 같이 희어졌더라 [3]그 때에 모세와 엘리야가 예수와 더불어 말하는 것이 그들에게 보이거늘 [4]베드로가 예수께 여쭈어 이르되 주여 우리가 여기 있는 것이 좋사오니 만일 주께서 원하시면 내가 여기서 초막 셋을 짓되 하나는 주님을 위하여, 하나는 모세를 위하여, 하나는 엘리야를 위하여 하리이다 말할 때에 홀연히 빛난 구름이 그들을 덮으며 구름 속에서 소리가 나서 이르시되 이는 내 사랑하는 아들이요 내 기뻐하는 자니 너희는 그의 말을 들으라 하시는지라 제자들은 6일 동안 침묵했습니다. 주님의 수난 예고에 모두 할 말을 잃어버렸죠. 가족도, 재산도 다 버리고 3년 동안 달려왔던 이유가 있었는데……. 멋진 인생 후반전을 위한 일종의 올인(all-in)이었는데, 주님은…….

주님은 의기소침한 제자들을 격려하기 위해 이벤트를 준비하셨습니다. 일명 부활 맛보기 이벤트였죠.

주님은 제자들 앞에서 얼굴과 옷이 햇빛처럼 빛나는 변형되는 모습을 보여주셨습니다. 주님이 십자가 후에 얻게 될 부활의 영광을 미리 보여주신 겁니다. 더 나아가 장차 제자들도 예수님과 같이 부활체로 재창조될 것을 미리 보여주신 거예요.

주님께서 제자들이 부활의 꿈을 꾸길 원하셨던 것처럼,
저도 이 땅에서의 번영보다 더 좋은
저 땅에서의 부활을 꿈꾸게 하소서.

이 땅은 잠깐이지만 저 땅은 영원하니까요!

Day 29

주인 바꾸기

마태복음 19:20~22

[20]그 청년이 이르되 이 모든 것을 내가 지키었사온대 아직도 무엇이 부족하니이까 [21]예수께서 이르시되 네가 온전하고자 할진대 가서 네 소유를 팔아 가난한 자들에게 주라 그리하면 하늘에서 보화가 네게 있으리라 그리고 와서 나를 따르라 하시니 [22]그 청년이 재물이 많으므로 이 말씀을 듣고 근심하며 가니라

주님께 VIP[21]가 찾아왔습니다. VIP는 부자였고, 청년이었습니다. 십계명 제1~4계명을 지키는 경건한 사람인 데다가 주님께 배우려는 겸손한 인재였죠. 잘만 다듬으면 장차 하나님 나라의 큰 일꾼이 될 만한 재목이었습니다. 그러나 주님은 VIP를 단번에 돌려보내셨습니다. 그에게는 드러나지 않은 치명적인 약점이 있었기 때문이에요. 하나님보다 돈을 더 사랑했고, 돈이 삶의 주인이었습니다. 주님은 부자 청년에게 돈을 내려놓고 주님만을 따르라고 도전했지만, 결국 그는 돈을 선택했지요.

저는 종종 두렵습니다. 부자 청년에게 하셨던 도전을 저에게 하신다면, 아브라함처럼 소중한 것을 내려놓으라 하신다면, 욥을 시험하듯 한꺼번에 잃게 하신다면 어떻게 반응할지 말이죠. 저는 신앙의 위인이 아니기에, 큰 도전은 없을 것이라고 스스로를 위로해 봅니다.

하지만! 저도 주님을 사랑하는 마음으로 매일 작은 것을 하나씩 포기해 나간다면, 아브라함이나 욥처럼 큰 시험도 이겨낼 능력이 생기지 않을까요? 아자!

---

21 여기서 VIP란 Very Important Person의 약자로, 특별하게 대우해야 할 중요한 사람을 가리킨다.

Day 30

동상이몽 제자들

마가복음 10:33~38

[33]보라 우리가 예루살렘에 올라가노니 인자가 대제사장들과 서기관들에게 넘겨지매 그들이 죽이기로 결의하고 이방인들에게 넘겨 주겠고 [34]그들은 능욕하며 침 뱉으며 채찍질하고 죽일 것이나 그는 삼 일 만에 살아나리라 하시니라 [35]세베대의 아들 야고보와 요한이 주께 나아와 여짜오되 선생님이여 무엇이든지 우리가 구하는 바를 우리에게 하여 주시기를 원하옵나이다 [36]이르시되 너희에게 무엇을 하여 주기를 원하느냐 [37]여짜오되 주의 영광중에서 우리를 하나는 주의 우편에, 하나는 좌편에 앉게 하여 주옵소서 [38]예수께서 이르시되 너희는 너희가 구하는 것을 알지 못하는도다 내가 마시는 잔을 너희가 마실 수 있으며 내가 받는 세례를 너희가 받을 수 있느냐

동상이몽同床異夢이란 '같은 침상 다른 꿈'이란 뜻으로, 겉으로
는 함께 행동하면서 속으로는 다른 목표를 가진다는 의미입니다.
철없는 제자들에게 딱 맞는 표현이죠.

예수님의 수난 예고만 벌써 세 번째인데,[22] 제자들은 멍하니
딴청만 피웁니다. 주님은 예루살렘의 고난을 말씀하시는데, 제자
들은 예루살렘의 관직을 말합니다. 그들은 예루살렘에서 누가 더
높은 관직에 오를지를 두고 싸웠습니다. 심지어 야고보와 요한은
자신들을 베드로 대신 총리의 자리에 앉혀 달라고 요구합니다.[23]
그러자 나머지 열 명은 분노했죠. 제일 나이 어린 요한이 그런 요
구를 하니, 다른 제자들은 기분이 나빴던 것입니다. 동상이몽도
그런 동상이몽이 없을 거예요.

주님, 어설픈 제자들을 거울삼아 저를 돌아봅니다.
고난의 길이 필요할 때
꽃길만 걷게 해 달라고 기도하지 않게 하소서.
세상 나라의 성공을 내려놓고,
하나님 나라의 부흥을 꿈꾸게 하소서.

---

22 빌립보 가이사랴에서(마가복음 8:31), 갈릴리에서(9:31), 예루살렘으로 가시는 길에서
(10:33~34) 예수님께서는 거듭 수난을 예고하셨다.

23 주님이 "먼저 된 자로서 나중 되고 나중 된 자로서 먼저 될 자가 많으니라"(마가복음
10:31)는 말씀이 떨어지자마자, 야고보와 요한은 더 높은 자리를 청탁했다. 아마도 두
형제는 예수님의 수제자 베드로가 탈락할 것을 예고한 줄로 오해한 모양이다.

Day 31

하나님 나라의 법칙

마태복음 18:1~6

[1]그 때에 제자들이 예수께 나아와 이르되 천국에서는 누가 크니이까 [2]예수께서 한 어린 아이를 불러 그들 가운데 세우시고 [3]이르시되 진실로 너희에게 이르노니 너희가 돌이켜 어린 아이들과 같이 되지 아니하면 결단코 천국에 들어가지 못하리라 [4]그러므로 누구든지 이 어린 아이와 같이 자기를 낮추는 사람이 천국에서 큰 자니라 [5]또 누구든지 내 이름으로 이런 어린 아이 하나를 영접하면 곧 나를 영접함이니 [6]누구든지 나를 믿는 이 작은 자 중 하나를 실족하게 하면 차라리 연자 맷돌이 그 목에 달려서 깊은 바다에 빠뜨려지는 것이 나으니라

길 위에서 제자들끼리 열띤 토론을 했습니다. 주제는 '우리 중에서 누가 가장 높은 사람이냐?'는 거였죠. 결론을 내릴 수 없어서 제자들은 주님께 물었습니다. 이에 주님은 주저 없이 하나님 나라의 법칙을 제시하셨죠.

하나님 나라는 세상 나라와 달리 반비례의 법칙이 존재합니다. 낮아지면 낮아질수록 높아지는 이상한 나라입니다. 그리고 주님이 그렇게 사셨습니다. 영광스러운 신의 권리를 포기하고, 인간으로 낮아지셨지요. 항상 낮은 곳에서 낮은 사람들을 섬기셨습니다. 입술로만 주님을 부르고, 교회에 몸담고 있다고 해서 제자가 아닙니다.

주님, 저는 여전히 더 높아지고 더 많아지며 더 커지는 것이 성공이며 주님의 축복이라고 생각했습니다. 그러나 이제는 더 이상 세상 나라의 소속이면서 하나님 나라의 백성인 척하는 가짜 제자, 영적 스파이로 살지 않게 히소서.

주님처럼 자기를 낮추는 사람,
주님처럼 낮은 사람들을 섬기는 사람이 되게 하소서.
주님의 진짜 제자가 되길 원합니다.

Day 32

흙수저의 금메달 믿음

마가복음 10:46~52

⁴⁶그들이 여리고에 이르렀더니 예수께서 제자들과 허다한 무리와 함께 여리고에서 나가실 때에 디매오의 아들인 맹인 거지 바디매오가 길 가에 앉았다가 ⁴⁷나사렛 예수시란 말을 듣고 소리 질러 이르되 다윗의 자손 예수여 나를 불쌍히 여기소서 하거늘 ⁴⁸많은 사람이 꾸짖어 잠잠하라 하되 그가 더욱 크게 소리 질러 이르되 다윗의 자손이여 나를 불쌍히 여기소서 하는지라 ⁴⁹예수께서 머물러 서서 그를 부르라 하시니 그들이 그 맹인을 부르며 이르되 안심하고 일어나라 그가 너를 부르신다 하매 ⁵⁰맹인이 겉옷을 내버리고 뛰어 일어나 예수께 나아오거늘 ⁵¹예수께서 말씀하여 이르시되 네게 무엇을 하여 주기를 원하느냐 맹인이 이르되 선생님이여 보기를 원하나이다 ⁵²예수께서 이르시되 가라 네 믿음이 너를 구원하였느니라 하시니 그가 곧 보게 되어 예수를 길에서 따르니라

여리고의 바디매오처럼 흙수저 중에 흙수저가 있을까요? 아마도 그는 태어날 때부터 앞을 보지 못하는 시각장애인이었을 것입니다. 돌봐줄 가족도 없어 보입니다. 사람들은 그의 이름도 몰라서 그냥 디매오의 아들, 바디매오라고 불렀습니다. 게다가 길에서 구걸하는 걸인이었죠.

하지만 그는 다윗의 자손 메시야를 기다리던 믿음의 사람이었습니다. 그리고 보이지 않는 메시야가 자기 앞 어디쯤 있다는 소식에 소리를 질렀죠. "다윗의 자손[24] 예수여, 나를 불쌍히 여기소서!"라고요. 그의 반복되는 외침과 절규는 주님을 향한 강렬한 믿음이었습니다. 흙수저 바디매오의 믿음은 금메달 급이었습니다.

주님, 저는 주님께 그와 같이 절규해 본 적이 언제였던가요? 주님께 "불쌍히 여겨 달라고, 눈을 뜨게 해 달라"고 소리쳐 본 적이 너무 오래되었습니다.

주님, 다시 회복하게 하소서.
바디매오의 절박한 믿음을
저의 심장에 다시금 심어 주소서.

---

24 마가복음에서 예수님을 향해 다윗의 자손이라고 부른 사람은 바디매오가 유일하다. '다윗의 자손'이라는 표현은 구약 성경에서 메시야를 가리키는 칭호였다(이사야 9:7; 예레미야 23:5; 에스겔 34:23).

Day 33

구원: 영적 화학반응

누가복음 19:1~10

[1]예수께서 여리고로 들어가 지나가시더라 [2]삭개오라 이름하는 자가 있으니 세리장이요 또한 부자라 [3]그가 예수께서 어떠한 사람인가 하여 보고자 하되 키가 작고 사람이 많아 할 수 없어 [4]앞으로 달려가서 보기 위하여 돌무화과나무에 올라가니 이는 예수께서 그리로 지나가시게 됨이러라 [5]예수께서 그 곳에 이르사 쳐다 보시고 이르시되 삭개오야 속히 내려오라 내가 오늘 네 집에 유하여야 하겠다 하시니 [6]급히 내려와 즐거워하며 영접하거늘 [7]뭇 사람이 보고 수군거려 이르되 저가 죄인의 집에 유하러 들어갔도다 하더라 [8]삭개오가 서서 주께 여짜오되 주여 보시옵소서 내 소유의 절반을 가난한 자들에게 주겠사오며 만일 누구의 것을 속여 빼앗은 일이 있으면 네 갑절이나 갚겠나이다 [9]예수께서 이르시되 오늘 구원이 이 집에 이르렀으니 이 사람도 아브라함의 자손임이로다 [10]인자가 온 것은 잃어버린 자를 찾아 구원하려 함이니라

　　구원은 은총과 믿음이 융합될 때 일어나는 영적 화학반응입니다. 놀랍게도 삭개오의 집에 구원이 임했습니다. 이는 누구도 예상하지 못한 빅뉴스Big News였죠. 아마 당시 실검 1위를 기록했을 겁니다. 왜냐하면 삭개오의 집은 여리고의 코흘리개도 다 아는 죄인의 집[25]이었기 때문이죠. 그런 죄인의 집에 구원이라니!

　　삭개오는 몇 해 전부터 메시야를 기다렸습니다. 세례 요한이 전한 메시지를 믿고 있었던 겁니다. 그리고 마침내 주님을 보았을 때 모든 장애물을 부수고 주님께 돌진했죠. 앞으로 달려가고, 나무에 올라가고, 또 급히 내려오고, 즐겁게 영접하고, 시원하게 재산을 정리했습니다. 만약 주님이 잃어버린 자 삭개오를 찾아가지 않으셨다면, 만약 삭개오가 주님께 돌진하지 않았다면 구원이라는 영적 화학반응은 없었을 겁니다.

주님! 삭개오처럼
이 시대의 잃어버린 자들에게도 찾아와 주소서.
그들도 삭개오처럼 주님께 돌진하게 하소서.
은총과 믿음이 융합되어 구원의 빅뉴스가 들려오게 하소서.

---

[25] 여리고 사람들은 삭개오가 죄인이라는 것을 한 번도 의심해 본 적이 없었다. 삭개오는 가난한 백성들의 돈을 빼앗아 로마 점령군에 갖다 바치는 세리들의 우두머리였기 때문이다. 삭개오는 부정한 방법으로 부자가 된 인간쓰레기였다.

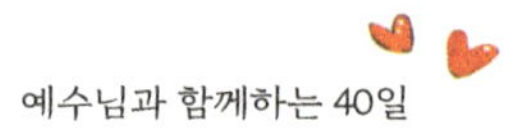

Day 34

주님의 눈물

누가복음 19:36~42

[36]가실 때에 그들이 자기의 겉옷을 길에 펴더라 [37]이미 감람 산 내리막길에 가까이 오시매 제자의 온 무리가 자기들이 본 바 모든 능한 일로 인하여 기뻐하며 큰 소리로 하나님을 찬양하여 [38]이르되 찬송하리로다 주의 이름으로 오시는 왕이여 하늘에는 평화요 가장 높은 곳에는 영광이로다 하니 [39]무리 중 어떤 바리새인들이 말하되 선생이여 당신의 제자들을 책망하소서 하거늘 [40]대답하여 이르시되 내가 너희에게 말하노니 만일 이 사람들이 침묵하면 돌들이 소리 지르리라 하시니라 [41]가까이 오사 성을 보시고 우시며 [42]이르시되 너도 오늘 평화에 관한 일을 알았더라면 좋을 뻔하였거니와 지금 네 눈에 숨겨졌도다

　종려주일이 될 때마다 저는 습관처럼 몇 장의 그림들을 머릿속에 떠올려 봅니다. 어린 나귀를 타신 주님, 길 위에 겉옷과 종려나무 가지를 놓느라 분주한 제자들, "호산나"[26]를 외치며 왕을 연호하는 무리들의 모습을 말입니다. 마치 주전 164년에 예루살렘에 입성했던 독립군 사령관 유다 마카베오[27]를 열렬히 환영했던 모습과 비슷한 그림입니다. 하지만 저는 그 기쁨의 퍼포먼스 한가운데서 조용히 눈물을 흘리시던 주님을 발견합니다. 왠지 가슴이 먹먹해지고 시려옵니다. 그리고 주님은 그때 흘리셨던 눈물을 지금도 흘리고 계심을 알게 되었습니다. 바로 저를 보시며 흘리시는 눈물을 말이죠.

저를 돌이키게 하소서.
헛된 꿈을 꾸며 목소리를 높이지 않게 하소서.
조용히 주님께 나아가 주님의 눈물을 닦아드리게 하소서.
이제 눈물은 메마른 저의 눈에서만 흐르게 하소서.

26　호산나란 아람어 '호쉬아나'를 받음대로 헬라어로 번역한 것이다. "오~ 제발, 지금 구위하소서"라는 의미이다. 구원을 간구하는 짧지만 간절한 기도문으로, 시편 118편 25절에서 유래했다. 유대인들은 초막절 의식에서 제단에 물을 부을 때 이 기도 문장을 외쳤다.

27　분열된 헬라 제국의 하나였던 셀레우코스 왕국의 제8대 왕 안티오코스 4세는 지나치게 헬라 문화를 강요했다. 예루살렘 성전에 제우스 신상이 세워지고, 돼지로 제물을 바치게 했던 것이 좋은 예이다. 유다 마카베오는 마가비 전쟁을 일으켜 이스라엘의 독립을 꾀했다. 그리고 마침내 주전 164년에 예루살렘에 입성한 후 종교개혁을 단행하였다.

Day 35

성전 청소

마태복음 21:12~13

[12]예수께서 성전에 들어가사 성전 안에서 매매하는 모든 사람들을 내쫓으시며 돈 바꾸는 사람들의 상과 비둘기 파는 사람들의 의자를 둘러 엎으시고 [13]그들에게 이르시되 기록된 바 내 집은 기도하는 집이라 일컬음을 받으리라 하였거늘 너희는 강도의 소굴을 만드는도다 하시니라

요한복음 2:18~21

[18]이에 유대인들이 대답하여 예수께 말하기를 네가 이런 일을 행하니 무슨 표적을 우리에게 보이겠느냐 [19]예수께서 대답하여 이르시되 너희가 이 성전을 헐라 내가 사흘 동안에 일으키리라 [20]유대인들이 이르되 이 성전은 사십육 년 동안에 지었거늘 네가 삼 일 동안에 일으키겠느냐 하더라 [21]그러나 예수는 성전된 자기 육체를 가리켜 말씀하신 것이라

제아무리 황금으로 치장했다 해도 헤롯 성전은 이미 악취가 나는 시궁창이었습니다. 주님은 그 시궁창에 들어가 청소를 시작하셨습니다.

내쫓고, 둘러엎고, 쏟아내고, 금지시켰죠. 그다음 가르치시고, 치유해주시고, 찬송을 허락하셨습니다. 비로소 하늘의 향기가 가득해진 것입니다.

그리고 주님은 선언하셨습니다. "헤롯 성전과 같은 옛 시대의 성전은 무너질 것이다. 내가 새 시대의 성전이다!"라고 말이죠. 그 선언은 십자가와 부활을 통해 실현되었습니다.

주님, 저도 향기로운 성전이 되고 싶습니다.
오셔서 제 안에 있는 악취를 몰아내소서.
시궁창 같은 욕망의 찌꺼기들을 청소하여 주소서.
냄새나는 욕심의 고름을 짜내서 깨끗하게 하여 주소서.

Day 36

주님의 탄식

마태복음 23:37~39

37예루살렘아 예루살렘아 선지자들을 죽이고 네게 파송된 자들을 돌로 치는 자여 암탉이 그 새끼를 날개 아래에 모음 같이 내가 네 자녀를 모으려 한 일이 몇 번이더냐 그러나 너희가 원하지 아니하였도다 38보라 너희 집이 황폐하여 버려진 바 되리라 39내가 너희에게 이르노니 이제부터 너희는 찬송하리로다 주의 이름으로 오시는 이여 할 때까지 나를 보지 못하리라 하시니라 주님은 다시 헤롯 성전에 들어가셨습니다. 그리고 가르치셨죠. 유대교 지도자들이 가만히 있질 않았습니다. "무슨 권위로 이런 일을 하느냐"며 거세게 저항했습니다.

대제사장들, 장로들, 바리새인들, 사두개인들 할 것 없이 총동원되어 시비를 걸었습니다. 세금, 부활, 큰 계명 등 알량한 말장난으로 주님을 공격했습니다. 마치 자기들이 성전의 주인이라도 된 것처럼요.

주님은 가짜 천국 입장권을 파는 종교 장사꾼들을 심판하셨습니다. 그리고 "예루살렘아, 예루살렘아!" 하며 가슴을 치고 탄식하셨습니다. 두렵습니다, 주님! 그 심판과 탄식이 저와 우리 교회를 향한 것이 되지 않을까 두렵습니다.

돌아보고 또 돌아보겠습니다.
살피고 또 살피겠습니다.
주님의 기쁨이 되는 저와 우리 교회가 되도록 도와주소서.

Day 37

베다니 사람들

마가복음 14:3~8

[3]예수께서 베다니 나병환자 시몬의 집에서 식사하실 때에 한 여자가 매우 값진 향유 곧 순전한 나드 한 옥합을 가지고 와서 그 옥합을 깨뜨려 예수의 머리에 부으니[28] [4]어떤 사람들이 화를 내어 서로 말하되 어찌하여 이 향유를 허비하는가 [5]이 향유를 삼백 데나리온 이상에 팔아 가난한 자들에게 줄 수 있었겠도다 하며 그 여자를 책망하는지라 [6]예수께서 이르시되 가만 두라 너희가 어찌하여 그를 괴롭게 하느냐 그가 내게 좋은 일을 하였느니라 [7]가난한 자들은 항상 너희와 함께 있으니 아무 때라도 원하는 대로 도울 수 있거니와 나는 너희와 항상 함께 있지 아니하리라 [8]그는 힘을 다하여 내 몸에 향유를 부어 내 장례를 미리 준비하였느니라

주님이 고난주간 내내 베다니[29]로 돌아오셨던 이유를 알 것 같습니다. 베다니는 충전소와 같았죠. 며칠 전 나사로는 숙소를 제공했고, 마르다는 맛있는 음식을 대접했으며, 마리아는 값진 향유를 발에 부어드렸습니다. 그리고 오늘은 시몬이 식사를 대접했고, 한 여자는 귀한 향유를 머리에 부어드렸습니다.

베다니는 예루살렘 사역으로 방전된 주님의 몸과 마음을 재충전하기에 충분했습니다. 특히 베다니의 좋은 사람들은 주님의 구원사역을 깊이 이해하고 있는 것 같았습니다. 주님의 장례를 위해 옥합을 깨뜨린 것만 봐도 잘 알 수 있습니다.

주님, 저는 그런 베다니 사람들을 닮고 싶습니다. 소박하고 투박해도 주님을 뜨겁게 사랑하고 싶습니다. 저의 전부를 드려도 허비라고 생각하지 않는 헌신을 닮고 싶습니다.

향유같이 진한 향기로 드려지는 베다니 사람들!
그런 주님의 좋은 친구가 되게 하소서.

---

28 복음서에는 기름을 부은 여인에 대한 세 가지 이야기가 소개된다: ① 갈릴리 사역 시, 바리새인의 집에서 한 여자가(누가복음 7:36~50), ② 유월절 엿새 전, 예루살렘 입성 전에 베다니 나사로의 집에서 마리아가(요한복음 12:1~8), ③ 유월절 이틀 전, 예루살렘 입성 후에 베다니 나병환자 시몬의 집에서 한 여자가(마태복음 26:6~13; 마가복음 14:3~9). 오늘 본문은 세 번째 이야기다.

29 베다니는 예루살렘에서 동쪽으로 4km 정도 떨어진 마을이다.

Day 38

겟세마네의 피땀기도

누가복음 22:39~46

[39]예수께서 나가사 습관을 따라 감람 산에 가시매 제자들도 따라갔더니 [40]그 곳에 이르러 그들에게 이르시되 유혹에 빠지지 않게 기도하라 하시고 [41]그들을 떠나 돌 던질 만큼 가서 무릎을 꿇고 기도하여 [42]이르시되 아버지여 만일 아버지의 뜻이거든 이 잔을 내게서 옮기시옵소서 그러나 내 원대로 마시옵고 아버지의 원대로 되기를 원하나이다 하시니 [43]천사가 하늘로부터 예수께 나타나 힘을 더하더라 [44]예수께서 힘쓰고 애써 더욱 간절히 기도하시니 땀이 땅에 떨어지는 핏방울 같이 되더라 [45]기도 후에 일어나 제자들에게 가서 슬픔으로 인하여 잠든 것을 보시고 [46]이르시되 어찌하여 자느냐 시험에 들지 않게 일어나 기도하라 하시니라

　조반니 벨리니[30]의 그림 「겟세마네 동산에서의 번뇌」를 물끄러미 바라봅니다. 주님의 뒷모습이 그림의 중심에 있습니다. 주님은 무릎을 꿇고 두 손을 모은 채 하늘을 주시하고 계시네요. 특히 옷이 땀으로 흠뻑 젖어 있습니다. 분명 피로 변한 붉은 땀일 것입니다. 하늘의 천사는 고난의 잔을 내밀고 있으나, 주님은 그 잔을 피하고 싶었습니다. 하지만 끝내 주님은 기도를 통해 자신의 뜻을 아버지의 뜻 아래로 굴복시키셨죠.

　제자의 모습들은 주님과 정반대입니다. 동산 저편에서는 가룟 유다가 은화 30개를 받고 주님을 넘겨주기 위해 군사들을 이끌고 옵니다. 또 한편에서는 제자들이 자고 있습니다. 갑자기 그 못난 제자들의 얼굴 하나하나에 저의 얼굴이 겹쳐 보입니다.

예수님을 이용하려 하고, 기도 때에는 잠만 자며,
서로 싸우고 예수님을 부인하며 저주한 제자는
다름 아닌 저였음을 깨닫습니다.
용서하여 주소서.

30　조반니 벨리니(Giovanni Bellini, 1426~1516)는 이탈리아의 화가였다. 밝게 반짝이는 색감으로 풍부하게 자연의 빛을 갑이내는 베네치아 화파의 창시자로 알려져 있다. 「겟세마네 동산에서의 번뇌」는 1465년경 작품이다.

Day 39

쓸개 탄 포도주

마태복음 27:33~37

³³골고다 즉 해골의 곳이라는 곳에 이르러 ³⁴쓸개 탄 포도주를 예수께 주어 마시게 하려 하였더니 예수께서 맛보시고 마시고자 하지 아니하시더라 ³⁵그들이 예수를 십자가에 못 박은 후에 그 옷을 제비 뽑아 나누고 ³⁶거기 앉아 지키더라 ³⁷그 머리 위에 이는 유대인의 왕 예수라 쓴 죄패를 붙였더라

해골 모양의 언덕 골고다[31]와 그곳에 세워진 공포의 십자가! 주님은 그 위에서 상상을 초월하는 고통을 당하셨습니다. 물과 피를 다 쏟아내실 때까지 고통을 당하셨죠.

그런데 주님! 왜 쓸개 탄 포도주를 거부하셨나요? 만약 저였다면 마취제를 받아 마시고 고통을 줄였을 겁니다. 그러나 주님은 고통 하나하나를 뼈 마디마디에 모두 담아내려 하셨죠. 그것이 온전한 십자가의 길이었기 때문입니다.

항상 고난의 크기를 줄여 달라고 간구하는 저의 모습이 부끄러워집니다. 마취제를 거부하셨던 주님의 모습에서 십자가를 다시 배웁니다. 십자가란 사명을 다 이룰 때까지 온전히 아파하는 것임을 깨닫습니다.

주님의 제자답게 저의 십자가를 지고
주님을 따라가게 하소서.
쓸개즙 따위는 바라지도 원하지도 않게 하소서.

---

[31] 골고다는 히브리어 길갈디, 아람어 굴골타를 헬라어로 음역한 것이다. 라틴어로는 칼바리오(갈보리)라고 번역한다. 골고다와 갈보리는 다른 표현이면서 같은 뜻이다.

Day 40

가상칠언

가상칠언

"아버지 저들을 사하여 주옵소서 자기들이 하는 것을 알지 못함이니이다"(누가복음 23:34)

"내가 진실로 네게 이르노니 오늘 네가 나와 함께 낙원에 있으리라"(누가복음 23:43)

"여자여 보소서 아들이니이다 …… 보라 네 어머니라"(요한복음 19:26~27)

"나의 하나님, 나의 하나님, 어찌하여 나를 버리셨나이까"(마태복음 27:46; 마가복음 15:34)

"내가 목마르다"(요한복음 19:28)

"다 이루었다"(요한복음 19:30)

"아버지 내 영혼을 아버지 손에 부탁하나이다"(누가복음 23:46)

 말 한마디 꺼내기 힘든 고통의 십자가 위에서, 주님은 일곱 마디의 보배로운 유언을 남기셨습니다. 마치 조개가 자기 속살 안에 각진 모래알을 품은 후 고통의 진액으로 되감싸 진주를 토해 내듯이, 그렇게 가상칠언[32]은 십자가의 열매로 태어났습니다.

**주님, 당돌하지만 저의 삶에도
가상칠언을 닮은 열매가 맺어지길 소원합니다.**

 제1언처럼 저도 저를 아프게 하는 사람들에게 기회를 더 줄 수 있는 용서의 열매를 맺게 하소서. 제2언처럼 주님의 은혜가 필요한 사람들을 낙원으로 인도하는 안내자가 되게 하소서. 제3언처럼 고통 속에서도 사랑하는 사람을 챙길 수 있는 돌봄의 열매가 있게 하소서. 제4언처럼 인생의 깊은 밤에는 하나님을 부르게 하소서. 제5언처럼 영혼의 갈증을 세상의 헛된 것으로 해결하려고 하지 않도록 주님께만 목마름을 호소하게 하소서. 제6언처럼 주님이 맡기신 사명을 다 이룰 때까지 버티고 견디게 하소서. 제7언처럼 저의 영혼을 하나님 아버지 손에 부탁하는 그날까지 그 믿음을 주소서.

---

32 가상칠언은 예수님께서 십자가(架, 가) 위에서(上, 상)에서 하셨던 마지막 일곱(七, 칠) 마디의 말씀(言, 언)을 말한다.

사순절에 대하여

초대 교회 성도들은 부활절을 앞둔 2~3일 전부터 준비 기간으로 정했다. 이후 준비 기간이 점차 늘어나, 주후 325년 니케아 공의회에서는 부활절 준비 기간으로 40일을 정하였다. 아마도 예수님의 광야생활을 본받아 40일 동안 주님의 고난과 십자가를 기억하며 동참하고자 했던 것 같다.

'사순'四旬이란 넷 사四와 열흘 순旬이 합쳐진 한자어로 40일을 뜻한다. 사순절의 기간은 서방교회와 동방교회가 다르다. 그리스정교회나 러시아정교회와 같은 동방교회의 사순절은 부활절 이전 토요일과 주일을 제외한 40일로 총 8주(주 5일 × 8주 = 40일) 동안이다. 하지만 로마가톨릭이나 개신교와 같은 서방교회는 주일만 제외한 40일로 총 6주간하고 4일(주 6일 × 6주 + 4일 = 40일)을 사순절로 지킨다. 따라서 서방교회의 사순절은 항상 수요일에 시작되고 그날을 '재齋의수요일'이라고 한다.

　재의수요일에는 예배자들의 이마에 종려나무를 태운 재로 십자가를 그려 넣는 의식을 한다. 그러나 사순절의 전통적인 의식은 무엇보다도 금식이었다. 금식을 통한 자기 절제로 예수 그리스도의 수난을 기억하고 동참하고자 한 것이다. 초기에는 사순절 기간 동안 정해진 금식을 매우 엄격하게 시행하였으나 8세기부터 점차 완화되었다. 14세기에는 식사의 양을 줄이는 절식으로 변형되었고, 20세기에는 재의수요일과 성금요일에만 금식하는 것으로 변형되었다. 사순절은 2천 년 교회 역사 속에서 부활절과 함께 교회의 전통으로 자리매김하며 긍정적인 영향력을 주었다.

당신의 40일을 축복합니다